LETTRE

ADRESSÉE A

M. EMILE LEROUX

AVOCAT, ANCIEN DÉPUTÉ

PAR

M. G. HUGELMANN

A PROPOS DES POURSUITES EXERCÉES CONTRE LUI

SUR LA DÉNONCIATION

De MM. AYCARD et Ce

Banquiers, rue de la Victoire, n° 46.

PARIS

IMPRIM. CH. SCHILLER, RUE DU FAUBOURG-MONTMARTRE, 10

1869

LETTRE ADRESSÉE

A

M. ÉMILE LEROUX, AVOCAT, ANCIEN DÉPUTÉ

PAR

M. G. HUGELMANN

à propos des poursuites exercées contre lui sur la dénonciation de MM. Aycard et Cᵉ, banquiers, rue de la Victoire, nᵒ 46.

Monsieur,

Le caractère d'honorabilité et d'impartialité qui vous distingue ; votre longue expérience des affaires contentieuses ; la pureté de votre carrière, constamment dégagée de toute immixtion dans ce qui est étranger à votre noble profession, m'ont engagé à recourir à vos conseils dans les diverses et sérieuses occasions où j'ai cru devoir en appeler à la Justice dans l'intérêt de mes clients ou de mes co-ayant-droits.

Pour les mêmes motifs, et avec une confiance égale, j'ai recours aujourd'hui à vos lumières à propos d'une affaire qui m'est toute personnelle ; et j'ai la ferme conviction que le choix que je fais de vous pour la défendre sera déjà, aux yeux de la magistrature et à vos propres yeux, une preuve certaine de la tranquillité de ma conscience comme du repos parfait dans lequel je suis à l'égard des conséquences du procès qui va s'engager.

Depuis mil huit cent cinquante-trois, les idées que je professe philosophiquement et politiquement ont exercé une grande influence sur mes opinions économiques. J'ai vu avec un grand plaisir naître et se développer, à l'origine de l'Empire, des Institutions de crédit appelées, selon moi, à démocratiser la circulation de l'argent, et à faciliter au travail le concours des capitaux. Mais, dès le premier jour, j'ai déploré que l'alliance de ces Institutions et du gouvernement ne fût pas aussi intime qu'elle aurait dû l'être ; et cette conviction m'a entraîné à des actes qui devaient empêcher tout rapprochement entre les créateurs de ces Institutions et moi, puisque, tout en leur rendant justice, je nuisais à leurs intérêts et à ceux des hommes dont ils croyaient devoir se servir.

Sans discuter en ce moment si j'ai eu tort ou raison d'agir comme je l'ai fait, il est indispensable que vous sachiez qu'en Espagne, où je dirigeais alors le *Journal de Madrid*, j'ai fait tous mes efforts pour empêcher les représentants du *Crédit mobilier français* d'obtenir le monopole du *Crédit mobilier espagnol* et que j'y suis parvenu, ce qui a causé une perte matérielle immense aux personnes avec lesquelles on prétend que j'ai aujourd'hui des rapports intimes.

Je tiens à votre disposition la collection du *Journal de Madrid*, dont la lecture vous suffira pour établir l'impossibilité de ces rapports; et je n'ai pas publié, depuis lors, un seul ouvrage important dans lequel vous ne puissiez retrouver à la fois la trace de mon penchant pour les Institutions économiques dont je défends encore la pensée créatrice et de mon hostilité contre les hommes qui les ont dirigées.

Soit pour les causes qui m'ont fait, à Madrid et en France, combattre ces hommes ; soit pour d'autres auxquelles ne sont pas étrangers les spéculateurs audacieux dont tous les efforts tendent à établir une intimité de rapports entre leurs adversaires et moi, les Institutions économiques dont je parle, ont dû aboutir à une crise terrible à propos de laquelle j'ai cru devoir intervenir comme journaliste et comme représentant des intérêts dont j'étais chargé.

Comme journaliste, je suis profondément convaincu que les manœuvres qui ont amené la crise en question porteraient le coup le plus fatal à l'ordre de choses actuel et à la démocratisation du crédit, si elles pouvaient aboutir à la liquidation violente des Institutions économiques dont je souhaite la régénération sur de solides bases.

Comme représentant d'actionnaires et d'obligataires de ces Institutions je suis également convaincu que leur liquidation violente serait la ruine des intérêts qui me sont confiés, et que ces intérêts sont à jamais compromis si l'on parvient à faire pénétrer plus avant le levier dans les fondements de l'édifice économique menacé.

Vous ne vous étonnerez donc pas que, vers le commencement de 1868, je me sois vivement préoccupé de l'examen des causes et des tendances de manœuvres qui froissent à la fois mes opinions et mes intérêts; et qu'après avoir acquis la certitude qu'elles ont pour instruments obscurs des hommes indignes de la confiance publique, je me sois déterminé à les démasquer.

Les causes des manœuvres qui ont amené la crise subie par le *Crédit mobilier* et par la *Société immobilière* sont, dans de certaines régions, la haine du régime actuel; dans de certaines autres, le désir d'exploiter exclusivement ce régime; dans de plus infimes, la volonté de tirer d'une situation prévue certains bénéfices illicites, en faisant naître dans l'esprit des actionnaires et des obligataires la pensée de poursuivre à outrance ceux qu'on leur signale comme les auteurs de leur ruine ; et en arrivant ainsi à obtenir, des uns une provision importante, des autres une rançon considérable.

Les tendances de ces manœuvres consistent à empêcher toute reconstitution des Institutions ébranlées, à substituer l'action des tribunaux à celle des arbitres désignés à la fois par le Souverain et par le vœu des assemblées générales, et à aboutir, la veille des jugements définitifs, à des arrangements privés, dont ne profiteraient ni les actionnaires ni les obligataires.

Ces causes et ces tendances ont trois éléments d'appréciation qui ne sauraient tromper personne : la conduite tenue par les administrateurs d'Institutions rivales des Institutions menacées, depuis que celles-ci sont ébranlées ; la conduite de M. Mirès et des hommes politiques dont le journal *la Presse* est devenu le Moniteur ; la conduite des individus dont le prête-nom m'oblige aujourd'hui à comparaître en police correctionnelle sous le poids d'une accusation aussi odieuse que ridicule.

Il est impossible d'examiner ces éléments d'appréciation sans être frappé de la pensée qu'un but unique ne saurait être poursuivi à la fois par trois groupes d'hommes avec une égale persistance, sans une entente, sinon préalable, au moins née des circonstances. Les hommes politiques que la consolidation de l'Empire contrarie, se sont hâtés de mettre à profit l'avidité envieuse des Institutions rivales et les appétits faméliques des spéculateurs de bas étage. De sorte que, si je ne suis ouvertement attaqué que par ces derniers, ce sont, en réalité, tous qui cherchent à baser, sur l'accusation dont je suis la victime, un moyen nouveau d'arriver à leurs fins.

Comment a-t-on pu s'y prendre pour tenter même d'obtenir un pareil résultat ? Je vais avoir l'honneur de vous l'apprendre.

A une époque d'ordre et de civilisation comme la nôtre, où les coalitions attentatoires à la propriété sont combattues à la fois par le sentiment public et par la prudente énergie de l'administration, une maison de banque dont vous aurez à apprécier le caractère et les antécédents, a pu remplir impunément tous les journaux quotidiens d'annonces réitérées et coûteuses, dont le but était de constituer une véritable coalition contre les Institutions de crédit impériales et contre leurs anciens administrateurs.

Que leurs administrateurs actuels comme les anciens; que l'administration et la magistrature n'aient pas cherché, ou ne soient pas parvenus à connaître parfaitement les promoteurs de cette coalition, dont le résultat a été si fatal au crédit public, c'est ce que je ne puis m'expliquer que par la protection dont ces promoteurs se prétendent ouvertement l'objet de la part des deux genres de passions qu'ils ont si bien servis.

Le hasard m'a mis à même de faire ce que n'avaient fait aucun de ceux dont l'intérêt et le devoir était cependant d'aller au fond des choses. Plusieurs des abonnés des divers journaux, à la rédaction financière desquels je participe, étant venus me raconter le résultat de leur visite à la Banque dont les annonces convoquaient dans ses bureaux les actionnaires du *Crédit mobilier* et de l'*Immobilière*, et m'ayant demandé ce qu'ils devaient faire, je pris la résolution d'examiner sérieusement la question.

La Banque, qui appelait à elle les actionnaires, était constituée sous la raison sociale AYCARD ET Cᵉ. Elle était établie, rue de la Victoire, nº 40, et s'était fait connaître par la publication d'un gros volume, signé de son chef apparent, et composé de toutes les diatribes dirigées depuis un an contre les Institutions qu'il s'agit de perdre. Si je croyais qu'on pût impunément se livrer, même contre des adversaires, à l'investigation des fortunes privées, ainsi que cela semble devoir aujourd'hui passer en habitude, je vous donnerais facilement les moyens de démontrer au tribunal que *M. Aycard* n'est, en réalité, ni le chef, ni le bailleur de fonds, ni le co-intéressé sérieux de la maison dont il est l'enseigne ; mais je laisse à d'autres la triste prétention de recourir impunément à de semblables moyens.

La Banque Aycard et Cᵒ représentait à chaque actionnaire du

Crédit mobilier et de l'*Immobilière* que le salut commun ne saurait être que dans la responsabilité des anciens administrateurs, et elle l'engageait à lui confier les pouvoirs nécessaires pour pouvoir diriger à cet effet des poursuites en son nom, conjointement avec les intéressés dont elle avait obtenu déjà la signature et l'argent; car, ce n'était pas gratis *pro deo* que se faisait la chose : l'actionnaire versait une somme, qui n'était jamais moindre de vingt francs par titre, et s'engageait à en verser le double, au cas où les procès en responsabilité aboutiraient favorablement.

La Banque Aycard affirmait, il y a peu de temps encore, avoir réuni cinquante mille titres des deux Institutions. Elle aurait donc reçu, de son propre aveu, plus d'un million, ce qui devrait, il me semble, éveiller l'attention de qui de droit, et ce qui vous frappera sans doute tout à l'heure, quand vous apprendrez comment elle a rendu de l'argent à des personnes qui avaient en réalité droit à des titres numérotés et accompagnés de bordereaux d'agent de change.

Les personnes qui venaient me consulter m'apprirent que l'industrie de la maison Aycard et C⁰ ne se bornait pas à organiser la coalition dont je viens de vous entretenir. La maison *Aycard et C⁰*, sous le titre attrayant et modeste de L'ÉCONOMIE, procédait aux opérations suivantes. Elle envoyait ses courtiers dans toutes les directions, avec la mission de s'adresser à tous les gens en position de réaliser une épargne quelconque et de leur proposer d'acquérir, par son intermédiaire et moyennant des versements hebdomadaires ou mensuels, des obligations du Crédit foncier, de la Ville de Paris ou des titres de rentes. Dès qu'une certaine somme était versée par lui, l'intéressé recevait un récépissé constatant qu'il était propriétaire d'un titre acheté le jour même et dont le numéro figurait, assurait-on, sur le récépissé, afin qu'il pût participer dès lors aux bénéfices des tirages qui s'effectuent chaque trimestre et chaque semestre à l'hôtel de ville de Paris et au *Crédit foncier de France*. A en croire les personnes qui s'adressaient à moi, il était très facile d'opérer des versements à la caisse de la mai-

son Aycard et Ce, ou aux mains de ses courtiers, très facile
d'obtenir des récépissés, mais infiniment plus difficile de
rentrer dans ses fonds ou d'obtenir les titres promis. Dans
tous les cas, les numéros de ces titres n'étaient jamais en
rapport avec les numéros portés sur les récépissés, et il
était sans exemple qu'on eût tenu compte à un intéressé
d'un lot gagné au tirage de la Ville ou du *Crédit foncier*.

L'occasion se présentait pour moi de me rendre compte de
a valeur morale de la maison de banque dont trois des représentants venaient de jeter la perturbation dans les affaires, en obtenant du Tribunal de commerce un jugement dont
les conséquences funestes ne sont pas encore bien appré-
ciées par le monde des affaires et surtout par le gouvernement; un jugement qui ne traduit pas la pensée de ceux qui
l'on rédigé, parce qu'il porte sur des détails au lieu de por-
ter sur un ensemble; un jugement qui, pour les mêmes raisons, ne donne pas de satisfaction réelle aux véritables intéressés; et qui, enfin, n'a servi qu'à une chose : à mettre
de nouvelles armes dans les mains de ceux qui prétendent
tirer une contribution inique et toute personnelle d'un dé-
sastre pour ainsi dire national.

M. Beaucé venait de m'être recommandé par le directeur
de la Banque franco italienne. Il est le frère d'une de nos ar-
tistes les plus connues, Mme Ulgade. Je lui remis les noms
et les adresses d'un certain nombre de personnes qui
m'avaient été indiquées comme ayant acquis de la maison
Aycard et Ce des obligations du *Crédit foncier* et de la *Ville*,
aux conditions exposées plus haut; et je le chargeai d'acquérir quelques récépissés de cette maison, non pas à
perte, afin qu'on ne put m'accuser de vouloir nuire
à son crédit, mais moyennant le remboursement de
l'argent versé et même avec prime, ce qui excluait toute
pensée hostile à la maison Aycard et Ce. Je n'attachais
pas du reste à ces achats une importance exceptionnelle; et
la preuve, c'est que les occupations ordinaires de M. Beaucé,
l'empêchant de les poursuivre, je les confiai également à
M. Lefèvre, que je connaissais à peine, mais qui me parais-
sait avoir besoin d'être occupé.

Si j'avais été un capitaliste et que j'eusse possédé, comme on m'en accuse, la liste de ses clients, j'aurais acheté la totalité des récépissés de la maison Aycard et Cᵉ; et elle aurait dû m'en savoir gré si elle était en règle, puisque cet achat l'aurait mise à même de réaliser de suite le bénéfice de tant pour cent stipulé par elle comme commission sur l'ensemble de chaque opération. Il est aussi hors de doute que si les personnages puissants poursuivis avec acharnement par la maison Aycard et Cᵉ, avaient été d'accord avec moi et avaient partagé mes soupçons fondés, cet achat aurait eu lieu, car il eût été le moyen le plus loyal et le plus sur de faire appécier à l'administration la moralité des gens qui ont jeté, je le répète, la perturbation dans les affaires. Mais je n'étais en rapport avec aucun des anciens administrateurs du Crédit mobilier ; je ne connaissais les noms que de quelques uns des clients de la maison Aycard et Cᵉ; je n'avais enfin à ma disposition qu'une somme d'argent mise par moi en réserve pour faire face, le premier septembre, à une échéance dont je puis justifier. Tout cela se passait à la fin d'août.

Cette échéance même prouve qu'à l'époque, la gravité de mes soupçons n'était pas excessive, car j'avoue que si j'avais eu alors les craintes qui s'emparèrent de mon esprit lorsque MM. Beaucé et Lefèvre me firent part du premier incident soulevé par la maison Aycard et Cᵉ, je n'aurais pas risqué une somme dont l'emploi était fixé et dont le non-remboursement m'a exposé à des ennuis qui témoigneraient au besoin de ma bonne foi.

Le premier incident dont je viens de parler fut une tentative d'intimidation faite au domicile d'un tambour sur l'esprit de MM. Beaucé et Lefèvre.

Un piége leur avait été tendu, et l'employé du Commissaire de police, que vous verrez intervenir avec étonnement dans la suite de cette affaire, les avait menacés de les arrêter s'ils persistaient à vouloir acquérir des récépissés de la maison Aycard et Cᵉ. Pour toute réponse à cette tentative, je conseillai à MM. Beaucé et Lefèvre de poursuivre le tambour, ce qu'ils firent. L'action pendante a seule suspendu les effets de la leur.

Quand je fus en possession d'un nombre de récépissés absorbant les quelques billets de mille francs dont je pouvais disposer pour quelques jours, je les fis présenter à la caisse de la maison Aycard et C⁰, réclamant, en échange et contre l'offre de compléter les versements jusqu'à concurrence de leur prix d'achat, les obligations dont les numéros étaient mentionnés sur les récépissés. Il me fut répondu par une fin de non recevoir. J'insistai. On demanda des atermoiements, et l'on fit entendre que, dans tous les cas, je ne devais m'attendre qu'au remboursement des sommes versées et nullement à la remise des titres auxquels j'avais droit.

Tout autre que moi, devant le refus de la maison Aycard et Cᵉ, se serait adressé au procureur impérial après une sommation infructueuse. Ne l'avoir pas fait constitue, vous l'avouerez, la meilleure des preuves que je n'étais d'accord avec aucune personne intéressée à nuire à la maison Aycard et Cᵉ, puisqu'il m'était possible d'en finir avec elle par une simple dénonciation.

Au lieu d'avoir recours à l'arme sûre de la dénonciation, arme que la maison Aycard et Cᵉ se préparait à employer au moment même où j'hésitais à m'en servir, je ne voulus combattre que sur le terrain de la publicité en faveur des intérêts généraux, et n'exercer surtout que des poursuites purement civiles pour essayer de rentrer dans les fonds que j'avais engagés sur la signature de la maison Aycard et Cᵉ.

Je me préparais à prendre à partie cette maison, en faisant appel à tous ses clients, par la voie de la presse, au moyen d'annonces calquées sur les siennes propres, lorsqu'un Commissaire de police, étranger à mon quartier, le même dont le secrétaire avait cherché à intimider MM. Beaucé et Lefèvre, se présenta dans mes bureaux, chargé, disait-il, d'y opérer, ainsi que chez moi, une perquisition minutieuse sur la plainte de la maison Aycard et Cᵉ, afin de mettre la main sur des listes de clients qu'elle prétendait lui avoir été enlevées et dont elle affirmait que je devais m'être servi pour procéder à l'achat des récépissés en ma possession.

Il est bon que vous sachiez que le Commissaire, chargé de cette opération, a, dans sa juridiction, un inspecteur de police nommé Labouérie ; et que ce Labouérie, l'une des trois personnes qui ont obtenu du Tribunal de commerce un jugement contre les anciens administrateurs du *Crédit mobilier*, est lié par un traité *ad hoc* avec la maison Aycard et Cᵉ, dont il doit partager les destinées en cette affaire, sous peine d'un dédit de vingt mille francs. N'est-il pas au moins singulier que les premières phases de l'instruction dont j'ai été l'objet, sur la plainte de la maison Aycard et Cᵉ, aient été justement confiées au seul magistrat offrant des motifs plausibles de récusation et dont un des employés subalternes avait été chargé déjà de s'opposer à l'accomplissement du mandat que j'avais confié à MM. Beaucé et Lefêvre ?

Je m'empressai de faire ouvrir tous les meubles de mes bureaux, après avoir remis au Commissaire de police toutes les pièces relatives à mes débats d'intérêt avec la maison Aycard et Cᵉ, afin de bien constater que je n'entendais rien soustraire aux investigations de la Justice ; puis, je priai le magistrat de m'accompagner de suite dans mon logement de Paris, où je le mis à même de procéder avec la même facilité à la plus minutieuse des perquisitions. Seulement, quand elle fut terminée, j'exposai, avec les plus grands détails, l'ensemble de mes griefs au Commissaire de police, en lui faisant remarquer combien il était étrange qu'une mesure semblable à celle qui venait d'être prise contre moi pût être dirigée contre le créancier à la demande du débiteur, surtout lorsqu'il s'agissait d'un genre de créance dont le simple examen suffisait pour établir qu'en cas de non présence des titres mentionnés aux récépissés dans la caisse de la maison Aycard et Cᵉ, la Justice se trouvait en présence d'une violation de dépôt parfaitement caractérisée. J'ajoutai que je comptais sur l'impartialité du Parquet pour que justice me fut faite ; et je ne crois pas que le Commissaire de police oserait nier

qu'à la suite de notre entretien et après avoir exprimé le
regret d'avoir été chargé de la mission qu'il venait de remplir, il me fit entrevoir que, sur sa demande, une descente
aurait lieu dans les bureaux de la maison Aycard et Ce pour
y constater la présence ou l'absence des obligations mentionnées aux récépissés dont j'étais l'acquéreur.

Aussitôt après le départ du Commissaire de police, je
m'empressai de prendre à mon tour les mesures qui me pa-
raissaient propres à me faire obtenir justice. Seulement, ne
croyant pas nécessaire de déposer une plainte au Parquet
après les éclaircissements que je venais de fournir, je
m'abstins encore de recourir à ce moyen qui, je persiste à
le dire, me répugnera toujours à employer, même contre
mes adversaires les plus violents et les moins de bonne foi.
Je me contentai d'assigner directement la maison Aycard et Ce
en police correctionnelle pour dénonciation calomnieuse; de
l'assigner en déclaration de faillite au nom des personnes
qui m'avaient substitué à leurs droits contre elle; et enfin
d'informer, par la voie de la publicité, tous ceux de ses
clients dans les mains de qui tomberaient mes circulaires,
ou sous les yeux de qui tomberaient mes annonces, que,
comme elle se refusait à livrer les titres qu'elle prétendait
avoir achetés aux termes des récépissés, je les invitais à se
joindre à moi, pour obtenir justice en commun et à moins de
frais, absolument comme la maison Aycard agissait elle-
même, mais sans droit, envers les Institutions dont elle est
la persécutrice acharnée.

J'avais commandé, à cet effet, le 14 août, le lendemain du
refus que la maison Aycard et Ce, avait fait de me remettre
les titres qui m'étaient dus aux termes de ses engagements,
vingt mille circulaires à mon imprimeur. Il m'en livra plusieurs centaines ; et je chargeai de suite un établissement
spécial de la place de la Bourse de la mise sous enveloppe
de ces circulaires et de leur envoi par la poste. Je confiai,
dans ce but, à cet établissement, les listes ordinaires des
abonnés de mes journaux, en ayant soin d'y joindre les noms
des quelques clients de la maison Aycard et Ce, qui étaient

déjà venus dans nos bureaux ou chez lesquels s'étaient rendus MM. Beaucé et Lefèvre, afin qu'ils fussent plus vite au courant de ce qui se passait. Tout cela fut fait au grand jour, sans précaution aucune, comme agissent les hommes qui usent du droit absolu et sacré de sauvegarder leurs intérêts et ceux du public, dans la forme précise du récit des faits, sans appréciation aucune, laissant à la Justice civile et, au besoin, à la Justice criminelle le soin de les caractériser à l'heure venue.

Il vous suffira de lire ma circulaire pour acquérir la certitude qu'elle se bornait, en quelques paragraphes, à informer le public des faits dont j'étais la victime, et à inviter ceux des clients de la maison Aycard et Cⁱᵉ, dans les mains de qui elle tomberait, à se joindre à moi pour obtenir justice. Certes, je n'avais pas l'intention d'en demeurer là et mon dessein était, au contraire, de tirer, des procédés de la maison Aycard et Cᵉ, des conséquences de nature à éclairer le gouvernement, les actionnaires et les obligataires des Institutions compromises sur la valeur morale et matérielle des instruments employés pour organiser contre elles une ruineuse coalition ; mais je n'eus pas le temps de réaliser ce que je me proposais, pour des raisons qui vont enfin vous faire comprendre pourquoi j'ai recours aujourd'hui à vos conseils éclairés.

Trois jours après la perquisition dont je viens de vous entretenir, le dimanche suivant, je reçus chez moi, à Paris et chez mon beau-père, à Auteuil, où je me trouvais, une invitation à me rendre le lendemain lundi, à onze heures du matin, chez le Commissaire de police qui avait procédé aux perquisitions, *et cela sans faute, l'affaire dont il s'agissait ne pouvant pas être différée.* Cette invitation ne m'aurait pas alarmé si, dans le numéro de la *Presse* qui parut le soir même avec la date du lundi, je n'avais lu un article de M. Mirès annonçant qu'il se proposait de me combattre. Or, comme M. Mirès a rarement le courage de discuter avec des adversaires auxquels il n'a pas préalablement créé d'ennuis, je prévis que la lettre du Commissaire de police en cachait un ; et j'arri-

vai de bonne heure à Paris, afin d'avoir promptement le
cœur net sur le rendez-vous qui m'était indiqué.

Je trouvai au bureau M. Beaucé. Il avait reçu également
deux lettres de convocation, l'une chez lui, l'autre à l'*Office
des actionnaires*. Je le priai de m'accompagner de suite chez
le Commissaire de police, bien qu'il ne fût pas encore dix
heures du matin, ce qu'il fît. Le Commissaire était absent,
mais son secrétaire nous pria d'entrer dans le cabinet du
magistrat. Nous nous y trouvions depuis une heure sans
avoir vu personne, lorsque le secrétaire, nous voyant sur le
point de nous retirer, nous apprit que nous étions *provisoi-
rement* en état d'arrestation.

Quelques instants après, le Commissaire arriva. Il nous affirma que la mesure dont nous étions l'objet cesserait le soir
même, aussitôt après notre comparution devant M. de Lurcy,
juge d'instruction, mais que cette comparution devait être
précédée de perquisitions nouvelles dans nos bureaux et
dans nos logements respectifs. Comme nous insistions pour
savoir si, en effet, nous comparaîtrions le soir même devant
M. de Lurcy, le Commissaire nous affirma à plusieurs re-
prises et sur l'honneur que ce magistrat qui, de même que
les autres juges d'instruction, n'a pas l'habitude de venir
à son cabinet le lundi, avait promis cette fois de s'y trouver
à cinq heures, afin de pouvoir nous interroger et nous
mettre en liberté de suite.

On nous fit monter en voiture avec plusieurs sergents de
ville et l'on nous conduisit dans nos bureaux. Nous y
avions été précédés par le secrétaire du Commissaire de
police qui, après nous avoir informé lui-même de notre
arrestation, était venu, accompagné d'agents, demander à
M. Beaucé fils où se trouvait son père. La perquisition
fut tellement minutieuse qu'elle se prolongea plus d'une
heure. Le Commissaire de police, laissant alors M. Beaucé
sous la garde de son secrétaire et des sergents de ville,
me pria de le conduire à mon domicile de la place de la
Bourse, puis ensuite à Auteuil, chez mon beau-père.

Dans les deux endroits, et en présence d'agents, il se livra
à des recherches également très longues ; puis, après
avoir assuré à ma femme qu'elle pouvait sans crainte aucune préparer le repas du soir, il m'emmena à son commissariat où il me laissa pour se rendre avec M. Beaucé au domicile privé de ce dernier et s'y livrer également à une
perquisition des plus rigoureuses. M. Beaucé, ayant le soir
du monde à dîner, sa femme s'inquiéta de savoir s'il revien-
drait. « Vous pouvez laisser venir vos invités, » affirma le
Commissaire.

Je dois vous prier de remarquer que, pendant tout le
temps que je passai dans sa compagnie, le Commissaire de
police, à qui je rappelai ses assurances à propos d'un examen des livres et de la caisse de la maison Aycard et Cᵉ, me
dit que le Parquet avait longtemps hésité à instruire cette
affaire ; mais que pour des motifs que leur gravité m'empêche de vous répéter par écrit, les mandats avaient été
signés. « Pourquoi du reste, me répéta-t-il plusieurs fois,
» vous avisez-vous d'attaquer M. Mirès et de défendre le
» *Crédit mobilier* dont on veut la perte? »

Au retour du Commissaire et de M. Beaucé dans le local
du commissariat, le magistrat nous dit qu'il ne pouvait nous
conduire lui-même dans le cabinet où M. de Lurcy nous
attendait, mais que deux personnes allaient nous y accompagner. Alors il nous remit aux mains de deux agents en bour-
geois, après avoir ajouté de sa main, en marge de chaque mandat, les mots *au secret rigoureux* dont nous n'eûmes connaissance qu'au dépôt de la Conciergerie ; puis, après nous avoir
salué du plus gracieux de ses sourires, il dit à haute voix
aux agents qu'ils devaient se hâter de nous conduire dans le
cabinet de M. de Lurcy.

Convaincu qu'un magistrat ne saurait mentir, je ne dou-
tais pas qu'on ne nous conduisît devant le juge d'instruction,
lorsque notre voiture s'arrêta au Dépôt. On nous en fit des-
cendre ; et, après nous avoir raillé de notre crédulité, on
nous écroua, conformément à l'avis du Commissaire, sans

même nous permettre de prendre la moindre chose, bien
que nous fussions à jeun. C'est seulement alors que je
demandai communication des mandats ; que je lus à leur
marge la recommandation confidentielle, et que j'appris
que nous étions accusé de *complicité d'abus de confiance*. Je
vous laisse à penser la nuit affreuse que je passai, me li-
vrant à tous les travaux dont mon imagination est suscep-
tible pour comprendre comment la maison Aycard et Cᵉ
pouvait être parvenue à faire peser une telle accusation
sur un homme qui était non-seulement un de ses créanciers,
mais encore un déposant à sa caisse, puisque les titres que
j'avais acquis m'autorisaient à exiger à présentation la
remise d'obligations portant des numéros précis.

Ce fut le lendemain seulement, vers quatre heures du
soir, et avant qu'il m'eût été possible de faire connaître ma
situation à ma famille, que je fus conduit enfin devant
M. de Lurcy qui procéda à mon interrogatoire et me fit
connaître l'accusation et ses motifs. La maison Aycard et Cᵉ
avait échafaudé une série d'inductions qui aboutissaient à
établir que je n'aurais pas acheté de récépissés de ses
clients, si je n'avais pas eu la liste de ceux-ci ; que, si j'avais
eu cette liste, je ne pouvais me l'être procurée qu'en l'ache-
tant d'un de ses employés ; qu'un de ses employés ne pouvait me l'avoir vendue qu'après l'avoir volée ; et que,
par conséquent, j'étais le complice de ce vol.

J'ai le plus grand respect pour la magistrature ; et voilà
pourquoi je déplore que quelques-uns de ses membres
croient pouvoir agir de ruse pour arriver à la découverte de
la vérité. Quel intérêt le Commissaire avait-il eu à me tromper vingt fois dans une seule journée ? Quel intérêt avait
M. de Lurcy de m'affirmer qu'en effet des listes avaient été
volées, et que le voleur avait confessé son intention de
fournir des armes contre la maison Aycard et Cᵉ ? Au cas
où son intention aurait été de lire dans mon trouble si
véritablement je m'étais procuré la liste des clients de
cette maison, il dut être de suite fixé, car je m'empressai
de demander à être mis en présence de l'homme dont on m'ac-

cusait d'être le complice, afin d'établir de suite qu'il ne pouvait pas me connaître.

Je n'ai pas besoin de reproduire ici de mémoire les ques-
tions qui me furent adressées et les réponses que j'y fis. Le
dossier devant être mis à votre disposition comme défenseur, vous aurez connaissance des procès-verbaux de mes
interrogatoires, ainsi que de toutes les pièces et titres sai-
sis dans nos bureaux et à nos domiciles. Vous pourrez ainsi
acquérir la certitude que je suis bien légitimement le
créancier de la maison Aycard et Cᵉ.

Je croyais tellement être immédiatement libre que je
ne demandai pas même à M. de Lurcy ce qu'on allait faire
de moi, lorsque, mon interrogatoire terminé, je vis son greffier remettre un papier au garde de Paris qui m'avait
amené. Ce papier était tout simplement un mandat d'écrou
pour Mazas, où je fus conduit le lendemain matin en voiture
cellulaire, sans qu'il m'eut encore été permis d'instruire ma
famille de ce qui m'arrivait. Le secret durait toujours. Il
n'est pas, je crois, utile de vous apprendre ici que, pendant
mon interrogatoire, le secrétaire du Commissaire de police
qu'on m'a signalé depuis comme la créature de Labouérie,
entra dans le cabinet du juge qui le fit passer dans une
autre pièce, où ils restèrent enfermés environ vingt minutes,
me laissant seul avec le greffier.

Quelques jours après mon incarcération à Mazas,
je fus reconduit, toujours en voiture cellulaire, dans
le cabinet de M. de Lurcy, qui, après un nouvel interrogatoire portant toujours sur les mêmes faits, m'apprit que je pouvais être libre sous caution, ainsi que
M. Beaucé; que le chiffre de cette caution était fixé à
mille francs pour ce dernier et à huit mille francs pour
moi; que l'on n'avait qu'à déposer le lendemain la somme au
greffe; qu'il signerait de suite l'ordonnance de mise en liberté; et que, le surlendemain matin au plus tard, l'ordre ar-
riverait à Mazas de nous en ouvrir les portes. La somme fut
apportée le lendemain; mais ma femme et celle de

M. Beaucé, qui avaient eu recours à tous les genres de sacrifices pour se la procurer vite, apprirent d'abord du greffier de M. de Lurcy, et ensuite de M. de Lurcy lui-même,
que les choses étaient changées; que nous ne pouvions plus
être de sitôt libre, et qu'il fallait surtout laisser passer les
délais accordés par la loi à la partie civile pour s'opposer aux
ordonnances des magistrats. La maison Aycard et C⁰ ne
manqua pas de faire opposition; et, bien que la loi nouvelle
sur la liberté provisoire n'abroge pas l'article qui dit que
l'ordonnance de liberté sous caution recevra, dans tous les
cas, son effet, M. de Lurcy ne voulut pas prendre sur lui de
nous rendre libres avant que la chambre du conseil eût sta-
tué sur l'opposition de la maison Aycard et Cᵉ. Une autre
circonstance aurait dû nous permettre de sortir dès-lors;
c'est que, les délais d'opposition expirant à cinq heures du
soir, l'opposition ne fut signifiée qu'à plus de huit heures, et
quand les huissiers n'ont plus le droit d'agir. M. de Lurcy fit
comprendre à nos femmes et à nos amis que de telles in-
fluences étaient en jeu dans cette affaire, qu'il n'entendait
compromettre en rien sa responsabilité.

Ce fut alors que j'eus recours à la complaisance d'un vé-
nérable protecteur et ami, conseiller général d'un de nos
principaux départements, qui me connaît depuis vingt ans
et qui voulut bien aider madame Hugelmann à hâter la so-
lution d'une question qui semblait facile à résoudre pour
tout le monde, mais qui, cependant, n'était résolue par personne. Ce protecteur s'adressa lui-même à un de ses amis,
substitut du procureur général près la Cour de Paris, qui
voulut bien s'occuper d'attirer sur notre affaire l'attention
spéciale des membres de la chambre du conseil. Ce haut
magistrat, qui avait eu la complaisance de parcourir le
dossier, affirma en outre que tout au plus la maison Aycard
et Cᵉ avait le droit de diriger contre nous une action civile;
et qu'il était impossible qu'une ordonnance de non-lieu ne
résultât pas de tout cela, ordonnance qui me mettrait à
même d'obtenir de forts dommages et intérêts comme com-
pensation du tort que j'avais subi. Le soir même, après plus
de douze jours de captivité, j'étais libre ainsi que M. Beaucé.

Quand le Commissaire de police m'avait emmené à Auteuil pour s'y livrer, au domicile de mon beau-père, à la perquisition dont j'ai parlé plus haut, il m'avait dit que M. Lefèvre, se trouvant à la disposition de la justice pour une autre cause, ne serait pas inquiété ; mais, quatre jours après notre arrestation, M. Lefèvre avait été également incarcéré après une nouvelle perquisition dans son domicile. Je ne suis pas riche, mais, naturellement, j'offris de déposer une caution pour lui ; et je pris l'engagement de subvenir aux besoins de sa famille tant qu'il resterait prisonnier, puisque, sans le connaître autrement que de vue, je lui avais causé, en croyant lui venir en aide, un ennui aussi grand que celui qu'il subissait. Il me fut impossible, pour des causes que vous serez à même d'apprécier, d'obtenir sa mise en liberté ; et, à l'heure présente, comme il se trouve encore à Mazas, sa famille, assez nombreuse, n'a que moi pour soutien. Lorsque je vous entretiendrai de mon dernier interrogatoire, je vous soumettrai mes impressions à propos de la conduite tenue à l'égard de M. Lefèvre.

Vous vous souvenez que j'avais conçu pour la première fois des craintes sur la suite de cette affaire en lisant dans la *Presse* l'annonce que M. Mirès se proposait de m'y attaquer. Le directeur du journal *l'Evénement* s'est chargé depuis d'indiquer, dans ce journal, les manœuvres auxquelles se livra le liquidateur de la *Caisse des chemins de fer* dès que je fus captif.

M. Bauer était à la fois secrétaire de la rédaction de la *Presse* et directeur du journal dont je viens de parler. M. Mirès le pria d'annoncer, en de certains termes, et dans l'*Evénement*, la mesure dont j'avais été l'objet. Le dimanche suivant, dans un long article, précédé des lignes publiées par l'*Evénement*, le liquidateur de la *Caisse des chemins de fer* se livra sur mon compte à des appréciations dont la principale tendance était de prouver que je ne pouvais avoir agi qu'à l'instigation des anciens administrateurs du *Crédit mobilier* et de l'*Immobilière*, en faisant détourner par un employé de la banque Aycard et Ce les listes des clients de cette maison.

Dans cet article, M. Mirès donnait à entendre que mon co-intéressé dans la publication du journal l'*Epargne* lui avait affirmé que je subissais l'influence desdits anciens administrateurs, laissant ainsi supposer que, pendant ma captivité, M. Mirès avait cherché à nouer des rapports avec les personnes dont une parole mal interprétée à dessein, aurait pu donner une ombre de vraisemblance à l'accusation persistante dirigée contre moi au sujet de prétendus rapports existant entre moi et les financiers dans lesquels on veut atteindre les deux Institutions menacées. Depuis lors, du reste, M. Mirès n'a cessé, dans ses publications, de me représenter comme le défenseur à gages de ses puissants adversaires.

Il est parvenu à faire publier dans le *Gaulois* une fausse nouvelle relative à l'achat d'une imprimerie. Les fonds de cet achat avaient été fournis, disait-il, par des personnes dont il s'est obstinément refusé à insérer la dénégation dans les colonnes de la *Presse*, bien qu'il y eût reproduit la fausse nouvelle donné par le *Gaulois* sur ses instances, et dont ce journal l'a vainement mis depuis au défi de lui apporter la confirmation.

Plein de confiance dans les décisions finales de la justice, malgré les étranges procédés dont j'avais été l'objet de la part de ses agents, depuis la première visite du Commissaire de police, je ne m'inquiétai pas des suites que pouvait avoir cette affaire, tant j'étais de l'avis de l'éloquent ami de mon protecteur sur les bases de l'accusation dirigée contre moi, et tant surtout j'étais convaincu à la fois de la loyauté de mes actes et de mes intentions. Je ne revis deux des personnes à qui j'avais fait acheter des récépissés que, parce qu'ayant poursuivi, en leur lieu et place, la maison Aycard et C°, en déclaration de faillite, et cette maison ayant formé contre elles une demande reconventionnelle, je tins à les mettre personnellement à couvert de tous ennuis, puisque seul je devais demeurer responsable des conséquences de ma conduite. Appelées comme témoins, ces personnes pourront dire si j'ai songé même à les influencer en quoi que ce soit, au sujet du témoignage

qu'elles auront à rendre. Je savais que d'autres témoins
avaient été appelés : mon imprimeur et le chef de l'établissement de copie dont je vous ai parlé plus haut. Ils tra-
vaillent toujours pour moi. J'en suis encore à leur demander sur quoi a porté leur interrogatoire.

Je m'attendais à ce que la maison Aycard et Cᵉ reculât
devant les conséquences de sa méchante action et sollicitât
elle-même l'ordonnance de non lieu que l'on m'avait repré-
sentée comme certaine, lorsque je fus appelé de nouveau chez
M. de Lurcy, qui me fit subir un dernier interrogatoire, dont
vous pouvez lire le texte au dossier de l'affaire. Je me con-
tenterai, à ce sujet, de vous apprendre qu'ayant fait remarquer au magistrat instructeur que j'avais connaissance de
l'intervention de Labouérie dans tout ce qui m'était arrivé,
et que lui ayant dit ce qu'était ce Labouérie par rapport à
la maison Aycard et Cᵉ, M. de Lurcy me répondit qu'à l'origine de l'affaire, il avait appris cela de la bouche même dudit inspecteur de police ; mais que lui, juge d'instruction,
n'avait pas moins jugé à propos d'utiliser ses services.

Je dois ajouter que, comme je persistais à vouloir faire
constater dans mon interrogatoire qu'en agissant comme je
l'ai fait, j'ai eu uniquement en vue de concourir au salut économique de mon pays, M. de Lurcy me dit avec vivacité que
je me trompais sur la nature de l'intervention de la maison
Aycard et Cᵉ dans les nombreux procès intentés, sous sa
direction, contre les anciens administrateurs du *Crédit
mobilier* et de l'*Immobilière* ; que cette intervention
était bonne, puisque les procès en question ont eu pour
résultat la hausse des titres, ce qui n'est pas exact. Loin de
moi la pensée d'attaquer le caractère du magistrat ; mais ne
m'est-il pas permis de me demander si l'opinion de l'homme
n'a pas dû singulièrement influencer la direction donnée à
l'instruction ; et si un juge, animé d'une telle pensée à l'é-
gard des deux Institutions économiques dont le sort me
paraît intimement lié à celui de l'Empire, n'aurait pas dû
naturellement se récuser ?

Quant à moi, qui ai la conscience tranquille, je sais gré
au Parquet du choix de ce magistrat instructeur ; car l'a-
charnement même avec lequel on a procédé contre nous sera
une preuve que rien n'a été négligé pour faire ressortir notre
culpabilité imaginaire ; et, de cette façon, le tribunal ne
pourra pas penser que j'ai profité de la douceur de l'instruction pour laisser dans l'ombre un seul fait.

Après le dernier interrogatoire dont je viens d'avoir
l'honneur de vous entretenir, comme après ma mise en liberté, je ne m'occupai pas de l'affaire, étant toujours plein
de confiance dans ma cause. C'est à peine si, dans les deux
ou trois entretiens que j'eus avec vous à propos d'autre chose, je vous fis entrevoir que j'aurais peut-être
besoin de vos conseils en cette occasion. J'attendais
qu'une ordonnance de non-lieu me mît à même de
reprendre ma mission où elle avait été brusquement inter-
rompue, au grand avantage de la maison Aycard et Cᵉ, qui
a pu reprendre ses opérations, en ne se gênant pas pour
affirmer que des protections puissantes l'autorisent à agir
sans trêve ni merci contre les hommes et les choses que
vous savez.

C'est une ordonnance de renvoi qui a été prononcée. Je
me garderai bien de dire que la maison Aycard et Cᵉ s'en
fera une arme dans le sens que je viens d'indiquer. Je sais
le respect du Parquet pour les personnes se prétendant vic-
times, et je comprends que l'ordonnance prononcée contre
moi m'est un garant de l'appui que je rencontrerai moi-
même, lorsque vous aurez démontré que les uniques victi-
mes, dans tout cela, c'est moi d'abord, et ensuite les deux
personnes que j'ai employées à l'achat légitime et régulier
des récépissés de la maison Aycard et Cᵉ.

Je suis prévenu : « 1º de m'être, depuis moins de trois
» ans, à Paris, rendu complice de la soustraction fraudu-
» leuse de listes de clients et de bordereaux, COMMISE PAR
» UN OU PLUSIEURS INCONNUS au préjudice du sieur
» Aycard, et ce, soit en provoquant à cette action par dons

» ou promesses, ou en donnant des instructions pour la
» commettre, soit en recelant sciemment les choses enle-
» vées ou obtenues à l'aide dudit délit ; 2° d'avoir en 1868,
» à midi, soit par des discours proférés dans des lieux pu-
» blics, soit par des imprimés distribués, diffamé le sieur
» Aycard, plaignant, délit prévu par les articles 59, 60, 62
» et 401 du Code pénal, 1, 13, 14 de la loi du 17 mai 1819 et
» 5 de la loi du 26 mai 1819. »

Je vous ferai remarquer qu'ici le sieur Aycard apparaît
seul comme plaignant, et non comme représentant de la
maison Aycard et Cᵉ, ce dont je vous prie de prendre note
pour l'action reconventionnelle qui devra être dirigée contre
la maison et non contre l'homme. Je vous prie de remarquer
ensuite qu'on m'accuse d'avoir diffamé à midi le sieur Aycard, sans indiquer le jour, ce qui m'empêche de préciser
le contraire, à moins que cela ne fasse allusion à la distri-
bution de ma circulaire, dont la simple lecture vous suffira
pour vous prouver qu'elle n'a rien de délictueux. Quant à
être LE COMPLICE D'UN OU DE PLUSIEURS INCONNUS,
le respect que je professe pour la magistrature de mon
pays me fait lui laisser entièrement le soin d'apprécier
l'étrange énormité de ces mots qui jurent de se trouver ensemble.

Je vous ai dit que je vous reparlerais de M. Lefèvre avant
de terminer. Je ne le connaissais, avant de l'employer à
l'achat des récépissés de la maison Aycard et Cᵉ, que comme
ayant été auprès de moi, quelques années auparavant, le
représentant d'un de mes créanciers. Ce serait, m'assure-
t-on, un ancien avoué de Melun, obligé jadis de vendre
son étude et s'étant rendu coupable, depuis, de certains dé-
lits. J'insiste auprès de vous pour que vous fassiez bien ressortir que, ni avec M. Lefèvre, ni avec M. Beaucé, je
n'avais eu de relations suivies, avant la création de l'office
des actionnaires pour ce qui a trait à celui-ci, et avant l'a-
chat des titres pour ce qui a trait à l'autre. Ils n'ont agi
tous les deux que comme simples mandataires recevant des
instructions qu'ils devaient exécuter, sans que j'eusse à

leur en indiquer la portée ; et je suis seul responsable de ce qu'ils ont fait dans la limite de leurs instructions.

On les accuse plus spécialement, puisqu'eux seuls ont été en relations pour l'achat des récépissés avec quelques-uns des clients de la maison Aycard et Ce, d'avoir diffamé cette maison. Ils n'ont reçu de moi aucune instruction en ce sens, et n'ont pu se rendre conpables d'une telle sottise, puisque, chargés d'offrir des récépissés ce qu'ils valaient intrinsèquement et même une prime au besoin, ils ne pouvaient prétendre que ladite maison fut dans une situation périlleuse, ce qui les eut fait passer pour des fous. M. Beaucé a pu, dans nos bureaux, répondre aux gens qui nous demandaient conseil sur ce qu'ils avaient à faire, qu'ils devaient s'assurer de la présence dans la maison Aycard et Ce des obligations mentionnées sur les récépissés; mais c'est là ce que vous auriez fait vous-même, si vous aviez eu comme nous des doutes sur l'existence de ces obligations.

Pour que ces doutes cessent, vous n'avez qu'à défier la maison Aycard et Ce de présenter les titres mentionnés sur les récépissés qui m'appartiennent. N'est-ce pas du reste mon droit ?

M. Lefèvre est resté libre après l'arrestation de M. Beaucé et la mienne, parce que le Commissaire de police a prétendu qu'il aurait par lui connaissance de la vérité; et c'est sur lui plus encore que sur nous que l'instruction s'est acharnée. Tout en le déplorant, pour lui et pour sa famille, des rigueurs exceptionnelles, je me félicite encore des sévérités déployées en cette circonstance : elles feront mieux ressortir l'innocence de tous.

M. Mirès, qui s'est toujours trouvé au courant de tous les résultats de l'instruction et qui les faisait publier dans divers journaux pour les reproduire le lendemain dans la *Presse* ; M. Mirès, ainsi que le magistrat instructeur, s'étonne que j'aie pu consacrer à l'achat des récépissés de la maison Aycard et Ce une somme de douze mille francs. Tous deux ont induit de là que je dois avoir reçu cet argent de tiers qui tiennent à ne pas être connus. Ils se basent, pour raisonner ainsi, sur ce qu'en 1858, j'aurais fait faillite, et sur ce qu'en 1863 j'aurais été compromis dans les mauvaises affaires de l'*Exposition de la rue Loffitte* dont j'étais l'un des co-associés. Bien avant qu'il fût question de l'achat des récépissés de la maison Aycard, les intérêts, le capital et les frais de ma faillite étaient amortis; et plus de quatre-vingt pour cent avaient été payés aux créanciers de l'exposition sur un passif qui se chiffre par centaines de mille francs. Dans les deux cas, le concordat a été des plus honorables, puisqu'il a été homologué en échange de l'engagement, non de payer tant pour cent, mais de solder l'intégralité des créances dans un délai des plus rapprochés. J'ai concouru cette année à la création de l'*Epargne*; et j'ai touché près de trente mille francs de ce journal; j'ai, de plus, été aidé par mon beau-père qui est arrivé d'Angleterre à la nouvelle de mes premiers ennuis; j'ai reçu d'autres sommes de personnes que je puis désigner; et il m'est enfin facile d'établir que, depuis vingt ans, plusieurs millions me sont passés par les mains, ce dont mon train ordinaire et l'éducation donnée à une famille exceptionnellement nombreuse peuvent aisément justifier.

L'huissier de la police correctionnelle, M. Gay, a mis le comble à ma stupéfaction, en apprenant à Mme Hugelmann, qui a reçu de ses mains mon assignation, que MM. Pereire sont assignés par MM. Aycard et Cᵉ, en vertu du droit de citation directe, comme complices des INCONNUS en question, et, de plus, comme responsables de mes faits et gestes dans tout ceci. S'il est vrai qu'on ait poussé la folie jusqu'à les incriminer, ne pouvez-vous vous entendre avec leurs avocats pour que toute l'affaire prenne les proportions d'une enquête sur les manœuvres dont leurs Institutions ont été l'objet, ainsi que l'ensemble des Institutions économiques de l'Empire.

Cette enquête ferait connaître tous les instruments et toutes les phases de la crise qu'elles ont dû traverser, et permettrait au Souverain, au gouvernement et à la magistrature d'apprécier la profondeur de l'abîme économique creusé devant nos pas, sous l'impulsion ou avec la tolérance et la complicité de ceux qui devaient le plus faire de sacrifices et d'efforts pour conjurer le péril qui nous menace.

Veuillez agréer, etc.

G. HUGELMANN.

Paris, 24 décembre 1868.

Paris. — Imprimerie CH. SCHILLER, Faubourg-Montmartre, 10.

www.ingramcontent.com/pod-product-compliance
Ingram Content Group UK Ltd.
Pitfield, Milton Keynes, MK11 3LW, UK
UKHW022341170726
13837UKWH00005BA/2346